Estados de la materia

Líquidos

por Jim Mezzanotte

Consultora de lectura: Susan Nations, M.Ed., autora/tutora de alfabetización/consultora

Consultora de ciencias y contenido curricular: Debra Voege, M.A., maestra de recursos curriculares de ciencias y matemáticas

Please visit our web site at: www.garethstevens.com
For a free color catalog describing Weekly Reader® Early Learning Library's list of high-quality books, call 1-877-445-5824 (USA) or 1-800-387-3178 (Canada). Weekly Reader® Early Learning Library's fax: (414) 336-0164.

Library of Congress Cataloging-in-Publication Data available upon request from publisher. Fax (414) 336-0157 for the attention of the Publishing Records Department.

ISBN-10: 0-8368-7404-8 – ISBN-13: 978-0-8368-7404-4 (lib. bdg.)
ISBN-10: 0-8368-7409-9 – ISBN-13: 978-0-8368-7409-9 (softcover)

This edition first published in 2007 by
Weekly Reader® Early Learning Library
A Member of the WRC Media Family of Companies
330 West Olive Street, Suite 100
Milwaukee, WI 53212 USA

Editor: Gini Holland
Art direction: Tammy West
Cover design and page layout: Charlie Dahl
Picture research: Diane Laska-Swanke
Translation: Tatiana Acosta and Guillermo Gutiérrez

Picture credits: Cover, title, © Royalty-Free/CORBIS; p. 5 NASA Goddard Space Flight Center; pp. 7, 15, 16, 17 Melissa Valuch/© Weekly Reader Early Learning Library; pp. 8, 19 © Diane Laska-Swanke; p. 9 © Michael Newman/PhotoEdit; p. 11 © Barbara Stitzer/PhotoEdit; p. 12 © Scientifica/Visuals Unlimited; pp. 13, 18 © David Young-Wolff/PhotoEdit; p. 20 © Kim Fennema/Visuals Unlimited; p. 21 © Gregg Otto/Visuals Unlimited

Printed in the United States of America

1 2 3 4 5 6 7 8 9 10 09 08 07 06

Contenido

Capítulo uno: Un mundo líquido 4

Capítulo dos: Propiedades de los líquidos 6

Capítulo tres: Caliente y frío 10

Capítulo cuatro: Los líquidos en acción 16

Glosario 22

Más información 23

Índice 24

Cubierta y portada: El agua es el más común —y mejor conocido— de los líquidos de la Tierra.

Capítulo uno

Un mundo líquido

Los líquidos son una forma de la materia. ¿Sabes lo que es la materia? Es todo lo que te rodea. Es cualquier cosa que ocupa espacio y tiene **peso**.

Los océanos y las montañas son materia. También lo es el aire que respiramos. Las plantas y los animales son materia. Las personas también lo somos. Casi todo lo que existe en el universo es materia.

La materia puede tener diferentes formas, o estados. Puede ser un **sólido** o un **gas**. También puede ser un líquido. Los sólidos tienen forma propia. Los líquidos no la tienen. Toman la forma del recipiente que los contiene. Un líquido se puede verter. Los líquidos fluyen, o permanecen unidos mientras se mueven.

Los líquidos están en todas partes. Un líquido cubre la mayor parte de la Tierra. ¡Se llama agua! La leche es un líquido. El jugo de naranja es un líquido. La pintura también lo es. ¿Qué otros líquidos conoces?

En esta fotografía, puedes ver los azules océanos de la Tierra. El agua cubre la mayor parte de nuestro planeta.

Capítulo dos

Propiedades de los líquidos

Hay muchos tipos de líquidos. ¿Cómo podemos describirlos? A las maneras de describirlos las llamamos **propiedades**.

El **volumen** es la cantidad de un líquido. Es el espacio que un líquido ocupa en un recipiente. En una tienda puedes comprar leche. ¿Qué cantidad deseas? Puedes comprar 1 cuarto o 1 litro. Una familia podría comprar 1 galón o 4 litros.

Un líquido puede cambiar de forma. Pero aunque lo haga, su volumen no cambia.

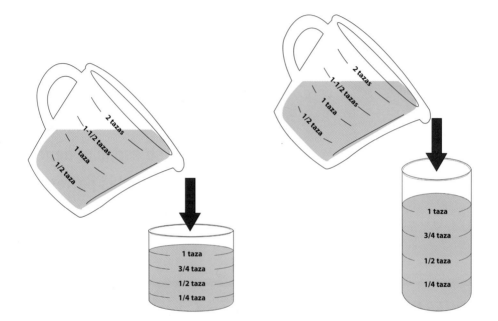

PRUEBA ESTO: Echa un poco de agua en un vaso corto y ancho. Ahora, echa la misma cantidad en un vaso largo y estrecho. El volumen es el mismo en ambos vasos.

Los líquidos tienen peso. Primero, pesa un vaso vacío.
Después, pesa el vaso lleno de agua. Réstale el peso del vaso.
Ya tienes el peso del agua.

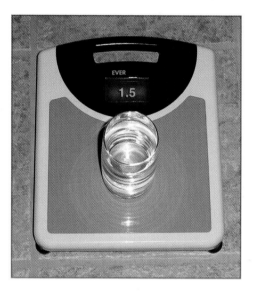

Un líquido también tiene una cierta **densidad**. Dos líquidos pueden ocupar espacios del mismo tamaño. Pero uno puede pesar más. Es más denso. En su espacio, tiene más **moléculas**, las partes diminutas que componen toda la materia.

PRUEBA ESTO: Echa agua en un vaso. Echa aceite de cocinar en otro vaso. Asegúrate de que las cantidades son iguales. Ahora, pesa ambos líquidos. Ambos tienen el mismo volumen. Pero el agua es más pesada. Tiene una densidad mayor.

Algunos líquidos fluyen con más rapidez. No son muy espesos. Otros, como el sirope, fluyen lentamente. Son espesos.

Los aceites son un tipo de líquido. Son suaves y resbalosos. Son difíciles de limpiar.

El sirope de arce es un líquido espeso. Si lo viertes, sale muy lentamente.

Capítulo tres

Caliente y frío

Cuando hace frío, una charca se puede helar. El agua se convierte en un sólido. El agua se convierte en un sólido a una cierta temperatura. Es su **punto de congelación**. Diferentes líquidos tienen diferentes puntos de congelación.

¿Qué ocurre si empieza a hacer calor? La charca se deshiela. El hielo se vuelve a convertir en líquido.

El calor hace que muchos sólidos se conviertan en líquidos. La cera y el chocolate se convierten en líquidos cuando se calientan. Vuelven a hacerse sólidos si se enfrían de nuevo.

Estos niños patinan sobre un sólido llamado hielo. El agua cambia cuando se enfría mucho. Pasa de líquido a sólido.

Después de un rato, este charco desaparecerá. El agua se convertirá en gas. El gas subirá en el aire.

El calor puede convertir a un líquido en un gas. ¿Qué ocurre con todos los charcos cuando deja de llover? Parecen desaparecer. El sol los calienta. El agua se **evapora**. El agua se convierte poco a poco en un gas llamado vapor de agua.

¿Has visto alguna vez cómo hierve el agua? Cuando el agua se calienta, se forman burbujas. Dentro de las burbujas, el agua se ha convertido en gas. Las burbujas suben a la superficie. Las burbujas "estallan". El gas pasa al aire.

El agua hierve a una cierta temperatura. Es su **punto de ebullición**. Diferentes líquidos tienen diferentes puntos de ebullición.

Esta agua está hirviendo. Una parte se ha convertido en gas. El gas está en las burbujas.

El agua se evapora en los océanos. También se evapora en lagos y ríos. El vapor de agua pasa al aire como gas.

A mayor altura, el aire es más frío, y el vapor de agua se vuelve a convertir en líquido. Forma nubes. Lluvia o nieve caen de las nubes.

El agua penetra en el terreno. Vuelve a los océanos, los lagos y los ríos. Este **ciclo** del agua se repite una y otra vez.

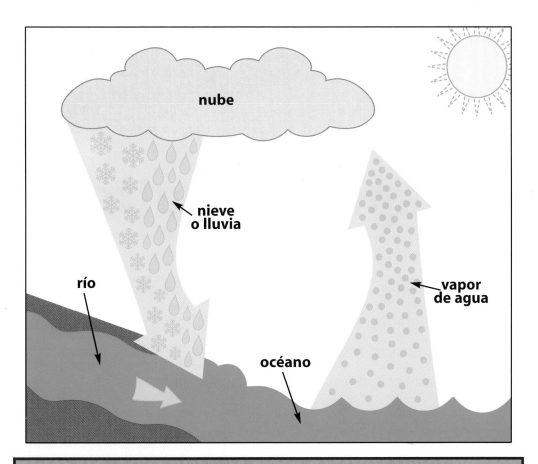

El ciclo del agua de la Tierra nunca cesa. Durante parte del ciclo, el agua pasa de líquido a gas. Después vuelve a convertirse en líquido, y forma las nubes.

Capítulo cuatro

Los líquidos en acción

Los líquidos tienen ciertas maneras de comportarse. Echa un poco de agua en un vaso. Ahora, inclina el vaso. ¿Qué le ocurre al agua? Su superficie permanece plana y nivelada.

Puedes inclinar un vaso de agua, pero la superficie del agua sigue estando nivelada.

No es posible comprimir un líquido para que quepa en un espacio más pequeño. Imagina que tienes un vaso lleno de agua. Metes un bloque de madera en el vaso. No hay espacio suficiente para el bloque y el agua. El agua no se puede comprimir. Parte de ella se derrama fuera del vaso. El bloque ocupa un cierto espacio. El agua que se derrama ocuparía exactamente ese espacio.

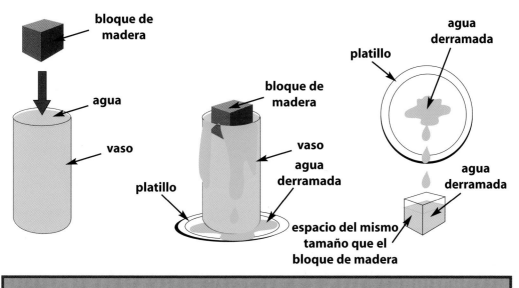

Se mete un bloque en un vaso lleno de agua. Parte del agua se derrama. El agua derramada cae en un platillo. Esa agua que se ha derramado llenaría un espacio igual al del bloque.

Es posible mezclar líquidos. Muchos se mezclan con agua. Busca en tu casa. ¿Puedes encontrar líquidos que tengan agua? ¿Y el champú? Los líquidos pueden mezclarse con sólidos. Agua y tierra pueden mezclarse para hacer barro. Los líquidos también pueden mezclarse con gases.

El sirope de chocolate y la leche son líquidos. Puedes mezclarlos para hacer leche achocolatada.

Las pinturas son líquidos. Puedes
mezclar pinturas para hacer
diferentes colores.

Algunos líquidos no se mezclan. El agua y el petróleo, por ejemplo, no se mezclan. ¿Has visto alguna vez fotografías de un derrame de petróleo en un océano? El petróleo flota en la superficie, pero no se mezcla con el agua.

En esta botella hay aceite y vinagre. Ambos no se mezclan. El aceite flota en la parte superior. Es más ligero que el vinagre.

Sin agua y otros líquidos no podríamos vivir. ¡Los líquidos son una parte importante de nuestro mundo!

El agua es un líquido muy importante. ¡Sin el agua no podríamos vivir!

Glosario

ciclo — serie de cosas que ocurren una y otra vez, en el mismo orden

densidad — la masa de algo cuando tiene un volumen determinado. La densidad mide cuántas moléculas de algo hay en un cierto espacio

evaporarse — convertirse de líquido a gas, como el vapor de agua

gas — una de las formas de la materia. Un gas no tiene forma propia. Se expande hasta ocupar el recipiente que lo contiene, y generalmente no es visible

moléculas — partes diminutas de materia. Una molécula es la unión de dos o más átomos. Los átomos son los elementos básicos de la materia

peso — medida de la fuerza de la gravedad sobre un objeto

propiedades — maneras de describir algo. El volumen, la masa y la densidad son propiedades de un líquido

punto de congelación — baja temperatura que debe alcanzar un líquido para convertirse en un sólido

punto de ebullición — alta temperatura que debe alcanzar un líquido para hervir y convertirse en gas

sólido — una de las formas de la materia. Un sólido tiene forma propia. Esta forma puede cambiarse, pero un sólido no cambia de forma por sí mismo

volumen — espacio que ocupa un líquido en un recipiente, o cantidad de líquido

Más información

Libros

Experimenta con el agua. Experimenta con (series). Brian Murphy. (Two–Can Publishing)

Soy el agua / I Am Water. Hello Reader (series). Jean Marzollo. (Scholastic en Espanol)

Un mundo nuevo. D.H. Figueredo, Enrique O. Sanchez, and Eida De la Vega. (Lee and Lowe Books)

Índice

aceite 8, 9, 20
burbujas 13
calor 11, 12
charcos 12
ciclo del agua 14
congelación 10
densidad 8, 20
deshielo 10
evaporación 12, 14
fluir 5, 9
forma 5, 7
frío 10, 11
gases 5, 12, 13, 14, 18

hervir 13
hielo 10, 11
lagos 14
leche 5, 18
lluvia 12, 14, 15
materia 4, 5
mezclas 18, 19, 20
moléculas 8
nieve 14, 15
nubes 14, 15
océanos 5, 14, 20
peso 4, 8
pinturas 5, 19
propiedades 6

ríos 14
sirope 9
sol 12
sólidos 5, 10, 11, 18
temperatura 10, 13
Tierra 5, 15
verter 5, 9
vinagre 20
volumen 6, 7, 8

Información sobre el autor

Jim Mezzanotte ha escrito muchos libros para niños. Jim vive en Milwaukee con su esposa y sus dos hijos.